¡RESUELVE! MATEMÁTICAS EN EL ESPACIO

MATEMÁTICAS EN SATURNO

Sarah Machajewski

Traducido por Alberto Jiménez

Gareth Stevens PUBLISHING

Please visit our website, www.garethstevens.com. For a free color catalog of all our high-quality books, call toll free 1-800-542-2595 or fax 1-877-542-2596.

Cataloging-in-Publication Data

Names: Machajewski, Sarah, author.
Title: Matemáticas en Saturno / Sarah Machajewski, translated by Alberto Jiménez.
Description: New York : Gareth Stevens Publishing, [2017] | Series: ¡Resuelve! Matemáticas en el espacio | Includes bibliographical references and index.
Identifiers: ISBN 9781482452426 (pbk.) | ISBN 9781482452440 (library bound) | ISBN 9781482452433 (6 pack)
Subjects: LCSH: Saturn (Planet)–Juvenile literature. | Mathematics–Juvenile literature.
Classification: LCC QB671 .M33 2017 | DDC 523.46–dc23

First Edition

Published in 2017 by
Gareth Stevens Publishing
111 East 14th Street, Suite 349
New York, NY 10003

Designer: Laura Bowen
Editor: Therese Shea

Photo credits: Cover, p. 1 (Saturn) KPG_Payless/Shutterstock.com; cover, p. 1 (metal banner) Eky Studio/Shutterstock.com; cover, pp. 1–24 (striped banner) M. Stasy/Shutterstock.com; cover, pp. 1–24 (stars) angelinast/Shutterstock.com; cover, pp. 1–24 (math pattern) Marina Sun/Shutterstock.com; pp. 4–24 (text box) Paper Street Design/Shutterstock.com; p. 5 (main) Space Science Institute/Wikimedia Commons; pp. 5 (inset), 11, 13 (all), 15, 17, 19, 21 courtesy of NASA.com; p. 7 cigdem/Shutterstock.com; p. 9 (Saturn) Vadim Sadovski/Shutterstock.com; p. 9 (Earth) loskutnikov/Shutterstock.com.

Printed in the United States of America

CPSIA compliance information: Batch #CS16GS: For further information contact Gareth Stevens, New York, New York at 1-800-542-2595.

CONTENIDO

Las palabras del glosario se muestran en **negrita** la primera vez que aparecen en el texto.

¡DESPEGUE!

Cuando cae la noche, la Luna, las estrellas y otros objetos espaciales iluminan el cielo nocturno. Algunos planetas son tan brillantes que podemos verlos con nuestros propios ojos. Uno de ellos es Saturno, conocido como la "joya" de nuestro **sistema solar** por su belleza.

La gente ha observado Saturno desde la antigüedad. Recientemente, naves espaciales han llegado lo suficientemente cerca del planeta gigante para tomar fotos y recoger **datos**. Ahora te toca a ti viajar a Saturno. Es un largo recorrido desde la Tierra, así que tu viaje comienza ¡desde este momento!

TU MISIÓN

Las matemáticas son una herramienta importante para los científicos que estudian el espacio. En este libro te ayudarán a realizar las importantes **misiones** relacionadas con Saturno. Busca las respuestas que aparecen boca abajo para verificar tus cálculos. ¿Estás listo para comenzar?

Desde el 2004, la NASA (National Aeronautics and Space Administration) ha explorado Saturno con la nave espacial *Cassini*. ¿Qué secretos guarda el planeta de los anillos?

la nave espacial *Cassini*

UN LARGO RECORRIDO DESDE CASA

Desde la antigüedad la gente ha podido observar 5 planetas en el cielo nocturno: Mercurio, Venus, Marte, Júpiter y Saturno. Ni siquiera se necesita un **telescopio**. Saturno es el planeta más lejano visible. Teniendo en cuenta que lo más cerca que se aproxima a la Tierra es 746 millones de millas (1,2 millones de kilómetros), ¡resulta verdaderamente asombroso!

TU MISIÓN

La Tierra orbita, o gira, alrededor del Sol, a una distancia media de unos 93 millones de millas. La distancia media entre Saturno y el Sol es de unos 794 millones de millas más. ¿Cuál es la distancia entre Saturno y el Sol?

93 millones + 794 millones = ?

Saturno es el sexto planeta distante del Sol. Hace mucho frío: en su superficie se han registrado **temperaturas** de -288°F (-178°C).

RESPUESTA: La distancia media entre Saturno y el Sol es de unos 887 millones de millas (1,429 millones de km).

EL SEGUNDO MAYOR

Saturno es el segundo planeta más grande de nuestro sistema solar. Solo Júpiter es mayor. Los científicos han descubierto la magnitud de Saturno midiendo su diámetro, la línea imaginaria que pasa por el centro de un planeta, desde un lado hasta el otro. El diámetro de Saturno en su **ecuador** es de 74,898 millas (120,537 km).

TU MISIÓN

Júpiter es el mayor planeta de nuestro sistema solar. Su diámetro en el ecuador mide 88,846 millas. ¿Cuántas millas más tiene el diámetro de Júpiter que el de Saturno? Utiliza los datos que se indican arriba para ayudarte.

88,846 - 74,898 =?

Saturno es tan grande que podrían caber hasta 9 Tierras alineadas a lo largo de su diámetro.

RESPUESTA: el diámetro de Júpiter supera en 13,948 millas (22,447 km) al de Saturno.

ÓRBITA Y ROTACIÓN

En comparación con la Tierra, Saturno gira alrededor del Sol muy lentamente. ¡Un año de Saturno es más de 29 años terrestres! Saturno orbita o gira alrededor del Sol de este a oeste, igual que la Tierra, pero gira sobre su **eje** más rápidamente que nuestro planeta. Un día de Saturno, es decir una rotación completa, demora 10 horas y 33 minutos.

TU MISIÓN

Un día terrestre –el tiempo que demora para que la Tierra describa un giro completo alrededor de su eje– es de 23 horas y 56 minutos. ¿Cuánto más corto es un día en Saturno? Dos días en Saturno, ¿a qué equivalen en la Tierra? Utiliza los datos que se indican arriba para ayudarte.

23 horas 56 minutos - 10 horas 33 minutos = ?

10 horas 33 minutos + 10 horas 33 minutos = ?

Saturno recibe menos luz solar que la Tierra porque está mucho más lejos del Sol. Esta foto fue tomada cerca de Saturno por la nave espacial *Cassini*. ¡El pequeño punto blanco es la Tierra!

RESPUESTA: Un día en Saturno es 13 horas y 23 minutos más corto que un día terrestre. Dos días en Saturno equivalen a 21 horas y 6 minutos, lo que es más corto que un día terrestre.

UN GIGANTE GASEOSO

A pesar de que Saturno es grande, su superficie no es sólida. Saturno es un gigante de gas, es decir, su "superficie" está compuesta de nubes de gas. Su **atmósfera** está formada sobre todo por hidrógeno y helio. El **núcleo** de Saturno está hecho de materia más pesada. ¡Los científicos creen que el núcleo tiene una **capa** rocosa del tamaño de la Tierra o más grande! Está rodeado por capas de hidrógeno líquido.

TU MISIÓN

Aunque es un planeta helado, el núcleo de Saturno es muy caliente, ¡por encima de los 21,150°F! Se piensa que la superficie del Sol está a unos 10,000°F. ¿Es la temperatura del núcleo de Saturno mayor que (>), menor que (<) o igual a (=) la temperatura de la superficie del Sol?

21,150°F ? 10,000°F

Nuestro sistema solar tiene cuatro planetas gaseosos gigantes: Saturno, Júpiter, Neptuno y Urano.

Neptuno

Urano

Júpiter

RESPUESTA: 21,150°F > 10,000°F. La temperatura del núcleo de Saturno supera la temperatura de la superficie del Sol.

ANILLOS DE BELLEZA

Saturno es conocido por los hermosos anillos que lo rodean. Saturno tiene 7 anillos principales. Mientras que algunos tienen cientos de miles de millas de anchura, todos son delgados, tal vez de solo unos 30 pies (9 m) de espesor en algunas áreas. También hay otros anillos débiles que hasta la fecha no han recibido nombre.

TU MISIÓN

Por orden, y desde el planeta hacia afuera, los 7 anillos principales de Saturno se denominan D, C, B, A, F, G y E. Los anillos A, B, y C fueron descubiertos primero. Representa estos tres anillos como una fracción del número total de anillos principales.

$$\frac{\text{A, B, C}}{\text{D, C, B, A, F, G, E}} = \frac{?}{?}$$

En la primera década de 1600, el científico Galileo Galilei observó Saturno a través de un telescopio. Pensó que veía un planeta con asas o brazos, pero eran anillos.

RESPUESTA: A, B y C son 3 anillos de 7, por lo que la fracción es 3/7.

DESAPARECEN ANTE NUESTROS OJOS

Los anillos de Saturno están compuestos de miles de millones de trozos de hielo y polvo. Algunos trozos son muy pequeños, ¡mientras que otros tienen el tamaño de montañas! Los científicos creen que los anillos contienen trozos de asteroides, **cometas** u otros objetos espaciales. Cada 14 o 15 años, los anillos de Saturno parecen desaparecer. En realidad, como Saturno gira alrededor del Sol, sus anillos giran también, de manera que solo podemos ver los bordes.

TU MISIÓN

Mira el cuadro de la NASA de la página 17 y utilízalo para responder a las preguntas. ¿Cuál de los anillos de Saturno es el más ancho? ¿Y el más estrecho?

ANILLOS DE SATURNO

ANILLO	ANCHURA
Anillo D	7,500 kilómetros
Anillo C	17,500 kilómetros
Anillo B	25,500 kilómetros
Anillo A	14,600 kilómetros
Anillo F	30–500 kilómetros
Anillo G	8,000 kilómetros
Anillo E	300,000 kilómetros

Todos los gigantes gaseosos tienen anillos, pero los de Saturno son los más brillantes y los más bellos. ¡Por eso es la joya del sistema solar!

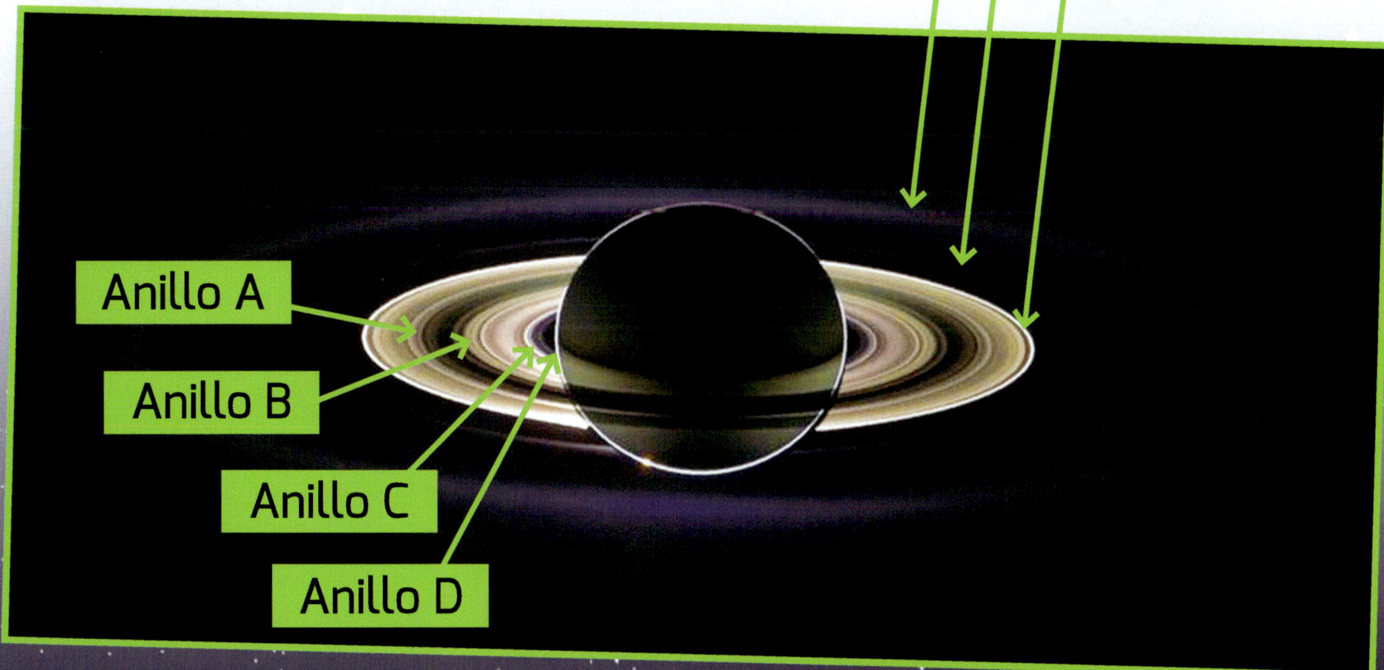

RESPUESTA: El anillo E es el más ancho. El F el más estrecho.

LAS TORMENTAS EN SATURNO

Saturno es brillante, helado y tormentoso. Los científicos creen que una gran tormenta se desata sobre Saturno aproximadamente cada 30 años. En 2010, la nave espacial *Cassini* registró nubes violentas de agua congelada y gases que se extendieron aproximadamente 190,000 millas (305,755 km) a lo ancho del planeta.

TU MISIÓN

En Saturno se han registrado vientos de hasta 1,118 millas por hora. Los vientos de tormenta más rápidos que se han registrado en nuestro planeta llegaron a medir 253 millas por hora. ¿Cuánto más rápido son los vientos de Saturno que los vientos más veloces de la Tierra?

1,118 - 253 = ?

Imágenes de las violentas tormentas de Saturno captadas por la nave espacial *Cassini*. En esta imagen, las nubes de tormenta son visibles en la mitad superior de Saturno.

RESPUESTA: Los vientos de Saturno soplan 865 millas (1,392 km) por hora más rápido que los vientos más veloces registrados en la Tierra.

LAS IMPRESIONANTES LUNAS DE SATURNO

Saturno está rodeado por docenas de lunas. Titán, la mayor, tiene una atmósfera similar a la Tierra. La luna Japeto presenta un lado negro y un lado blanco. Dione presenta una superficie fracturada o rota, mientras que Mimas muestra enormes cráteres. Muchas otras lunas tienen también características interesantes. ¿Cuál será el próximo descubrimiento científico sobre Saturno y sus notables anillos y lunas?

TU MISIÓN

Cuando la nave espacial *Cassini* comenzó su misión en 1997, Saturno contaba con 18 lunas conocidas orbitando a su alrededor. Hasta el momento, se han detectado 44 más. ¿Cuántas lunas en total se han observado en torno a Saturno?

18 + 44 = ?

Con 3,200 millas (5,150 km) de ancho, Titán es la luna más grande de Saturno y la segunda mayor de nuestro sistema solar. Aquí aparece Titán dando una órbita alrededor de Saturno.

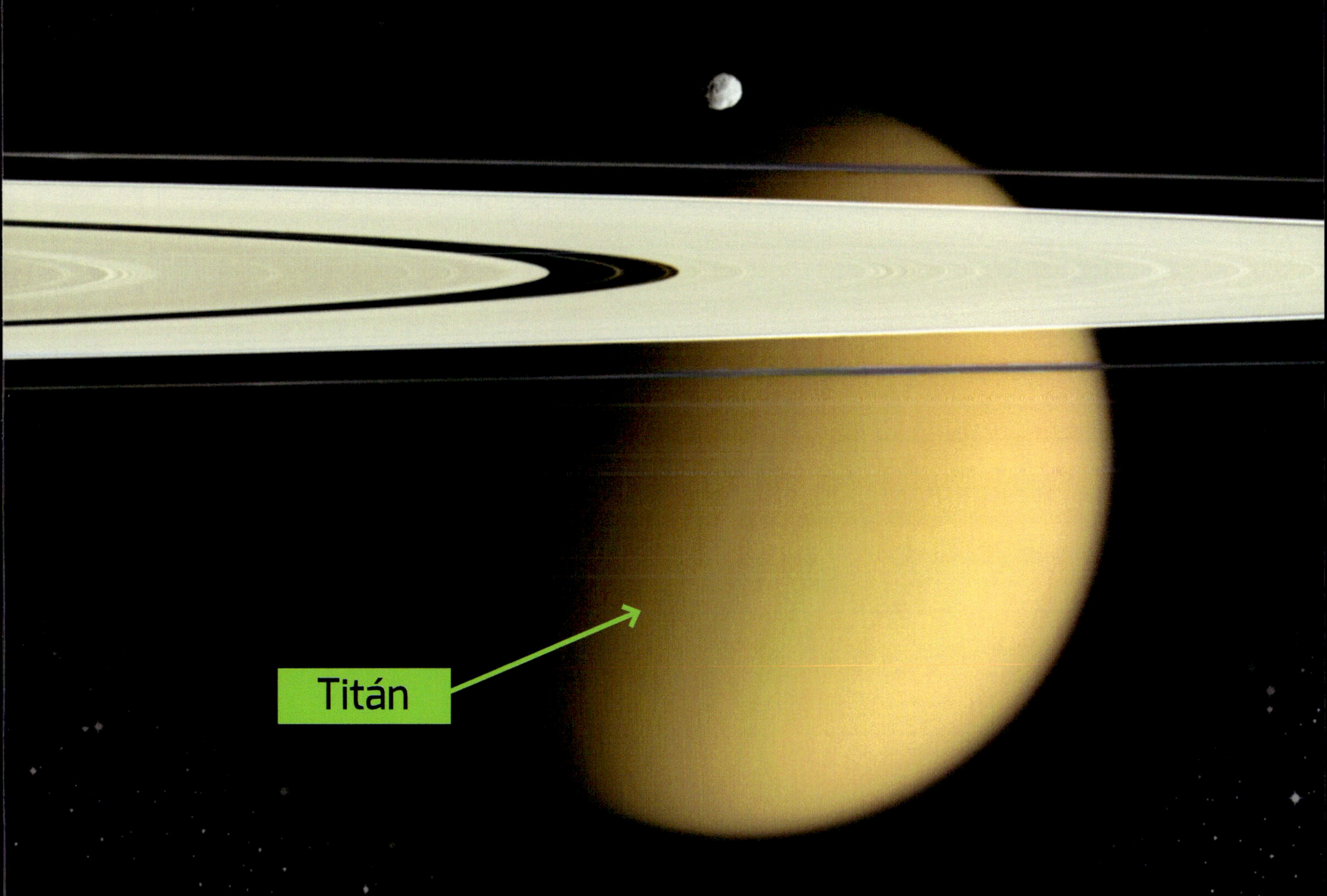

RESPUESTA: Alrededor de Saturno se han encontrado 62 lunas.

GLOSARIO

atmósfera: mezcla de gases que rodean un planeta.

capas: estratos que están por encima o por debajo de otros.

cometa: objeto espacial de hielo y polvo que muestra una cola larga y brillante cuando pasa cerca del Sol.

datos: hechos y cifras.

ecuador: línea imaginaria en torno a un planeta que está siempre a la misma distancia del polo Norte que del polo Sur.

eje: línea recta imaginaria alrededor de la cual gira un planeta.

misión: tarea realizada por un grupo o un equipo.

núcleo: parte central de algo.

sistema solar: el Sol y todos los cuerpos celestes que lo orbitan, incluyendo los planetas y sus lunas.

telescopio: herramienta que hace que los objetos lejanos se vean más grandes y más cerca.

temperatura: lo que mide el calor o el frío de algo.

PARA MÁS INFORMACIÓN

Libros

Radomski, Kassandra. *The Secrets of Saturn.* North Mankato, MN: Capstone Press, 2016.

Squire, Ann O. *Planet Saturn.* New York, NY: Children's Press, 2014.

Steinkraus, Kyla. *Giant Gas Planets.* North Mankato, MN: Rourke Educational Media, 2015.

Sitios de Internet

Cassini
saturn.jpl.nasa.gov/kids/
Más información acerca de Saturno a través de los ojos de la nave espacial *Cassini.*

Saturno: Información general
solarsystem.nasa.gov/planets/saturn
Lee todo sobre Saturno en este informativo sitio web.

Solar System 101
solarsystem.nasa.gov/kids/
¡Explora el sistema solar con esta divertida herramienta interactiva de la NASA!

Nota del editor a los educadores y padres: nuestro personal especializado ha revisado cuidadosamente estos sitios web para asegurarse de que son apropiados para los estudiantes. Muchos sitios web cambian con frecuencia, por lo que no podemos garantizar que posteriores contenidos que se suban a esas páginas cumplan con nuestros estándares de calidad y valor educativo. Tengan presente que se debe supervisar cuidadosamente a los estudiantes siempre que tengan acceso al Internet.

ÍNDICE